Weihnachtlicher Filmzauber

Der Adventskalender für echte Filmfans

Mit exklusivem Poster für die persönliche Weihnachts-Watchlist

Durch den Advent mit den 24 schönsten Weihnachtsfilmen

Rätsel, Fun Facts, Rezepte und DIYs

Alle
Jahre wieder ...

... bescheren uns die TV-Sender oder Streaminganbieter über die Festtage ein reichhaltiges Programm an Weihnachtsfilmen. Manche Kultstreifen haben wir seit den Kindertagen schon dutzende Mal geschaut, und doch müssen wir sie jedes Jahr im Dezember einfach wieder sehen. Die herzerwärmenden Geschichten in idyllischer Kulisse, vielleicht mit ein bisschen Romantik und auf jeden Fall einem Happy End, machen einfach glücklich, bringen Behaglichkeit ins Wohnzimmer und uns in vorweihnachtliche Stimmung.

Auf den Seiten dieses Adventskalenders verstecken sich 24 der bekanntesten und beliebtesten Weihnachtsfilme: herzzerreißende Dramen, romantische Komödien, spannende Animationsfilme oder witzige Klamaukstreifen. Was dich erwartet:

Löse jeden Tag ein kleines Filmrätsel, um in Stimmung zu kommen.

———

Klappe das Adventskalendertürchen auf, wirf einen Blick hinter die Kulissen des Films und schneide eine kleine Illustration aus, die du auf dem beiliegenden Poster aufklebst, um deine persönliche Weihnachts-Watchlist zu vervollständigen.

———

Zu jedem Film das passende DIY: leckere Rezepte für einen gemütlichen Filmeabend mit der Familie, Anleitungen für stimmungsvolle Weihnachtsdeko oder Last-Minute-Geschenke für die Liebsten.

———

Welches sind deine Lieblingsklassiker? Trage sie auf Seite 105 ein und plane, wann sie im Fernsehen gezeigt werden oder auf welcher Plattform du sie abrufen kannst.

Freu dich auf 24 Adventstage voller Filmzauber mit den Weihnachtsklassikern aus 80 Jahren Filmgeschichte!

1

Filmrätsel

Schimmel Nikolaus, Eule Rosalie und Hund Kasperle sind die tierischen Nebenrollen in diesem Wintermärchen.

Drei Haselnüsse für Aschenbrödel

Hinter den Kulissen

Der tschechische Weihnachtsklassiker aus dem Jahr 1973 sollte eigentlich ein Sommermärchen werden. Laut Drehbuch hätte Aschenbrödel in der berühmten Reitszene bei strahlendem Sonnenschein auf ihrem Schimmel Nikolaus über blühende Wiesen reiten sollen. Die Filmstudios hatten aber im Sommer keine Kapazitäten. Also verlegte Regisseur Václav Vorlícek die Dreharbeiten auf den Winter.

Eule Rosalie erwies sich beim Dreh als kleine Diva. Eigentlich sollte sie Aschenbrödel mit einem Zwinkern zu verstehen geben, die Nüsse zu öffnen. Am Set kniff der Vogel aber andauernd die Augen zusammen, denn dem nachtaktiven Tier war es unter dem Scheinwerferlicht schlicht zu hell. Um das berühmte Blinzeln aus ihr herauszulocken, pikste Regisseur Vorlícek sie kurzerhand mit einem Strohhalm.

Die 19-jährige Hauptdarstellerin Libuše Šafránková wurde in ihrer Rolle als Aschenbrödel berühmt. Beim Casting setzte sie sich gegen 2000 Mitbewerberinnen durch.

Zaubernüsse
als Glücksbringer

Auch wenn sie sich nicht in ein Jagdkostüm oder ein Prinzessinnenkleid verwandeln: Die drei Zaubernüsse machen sich prima als Schlüsselanhänger oder Handtaschenschmuck.

Du brauchst

3 Haselnüsse mit Schale
3 Schraubösen, ø 5 mm, 1 cm lang
3 Schlüsselringkettchen, 3 cm lang
Schlüsselring mit Karabiner, ø 2,5 cm
Nagel
Hammer

So wird's gemacht

1 An der Oberseite jeder Haselnuss den Nagel ansetzen und mithilfe des Hammers eine kleine Vertiefung in die Schale schlagen. An der Stelle jeweils eine Schrauböse in die Haselnüsse drehen.

2 Die Schlüsselringkettchen an den Ösen anbringen und anschließend das andere Ende in den Schlüsselring drehen.

2

Filmrätsel

Ein Junge mit einer Essstörung, eine Meisterin im Kaugummikauen, eine verwöhnte Millionenerbin, ein hochintelligenter Computernerd und ein Liebhaber ausgefallener Süßigkeiten gewinnen fünf goldene Eintrittskarten und das Abenteuer beginnt!

Antwort: Jedes Jahr werden circa 20 neue Weihnachtfilme veröffentlicht.

Süß-salzige Rentierschokolade

Zum Verschenken oder Selberessen: Die selbst gemachten Schokoladentafeln mit dem süßen Rentiergesicht hätten sicher auch Naschkatze Charlie geschmeckt.

Du brauchst

FÜR 3-4 SCHOKO-RENTIERE
150 g weiße Kuvertüre
50 g Zartbitterkuvertüre
Mini-Salzbrezeln
Zuckeraugen
Mini-Schokolinsen in Rot

AUSSERDEM
Backblech
Backpapier

So wird's gemacht

1 Ein Backblech mit Backpapier auslegen. Zartbitter- und weiße Kuvertüre jeweils grob hacken und getrennt voneinander in einen Gefrierbeutel füllen. Die Beutel gut verschließen und ins Wasserbad geben. Die Kuvertüre bei geringer Hitze schmelzen. Die Beutel herausnehmen und eine kleine Ecke abschneiden.

2 Die weiße Kuvertüre in drei bis vier Kreisen (ø 5 cm) oder Rechtecken (10 cm x 10 cm) auf das Backpapier spritzen. Mit der Zartbitterkuvertüre jeweils zwei bis drei Rentierköpfe in die weiße Kuvertüre spritzen.

3 Für die Geweihe die Salzbrezeln in Stücke brechen und leicht in die noch warme weiße Kuvertüre drücken. Für die Gesichter Zuckeraugen und eine Schokolinse als Nase vorsichtig in die dunkle Kuvertüre drücken. Auskühlen lassen und dann vorsichtig vom Backpapier ablösen.

Charlie & die Schokoladenfabrik

Hinter den Kulissen

In Tim Burtons Neuauflage des Filmklassikers wurde die Fabrikkulisse während der Dreharbeiten mit fast einer Million Litern künstlicher Schokolade geflutet. Mehr als 780 000 Liter „Schokolade" rauschten durch die Flusslandschaft und rund 145 000 Liter stürzten den Schokoladen-Wasserfall hinunter. Zusätzlich kamen 1850 Tafeln echte Schokolade und 110 000 Schokoladentafeln aus Plastik zum Einsatz.

In der legendären Eichhörnchen-Szene wurden echte Tiere verwendet. Trainer dressierten vierzig Eichhörnchen über Wochen, auf einem kleinen Barhocker zu sitzen, eine Walnuss zu öffnen und den Inhalt auf ein Förderband zu legen. Auch die Eichhörnchen, die Veruca angreifen, waren echt. Das Eichhörnchen, das Veruca gegen den Kopf klopft, wurde jedoch mit 3-D-Computergrafik animiert.

Die 165 Umpa-Lumpas im Film wurden alle von dem indischen Schauspieler Deep Roy verkörpert. Er wiederholte jede Szene mit denselben Bewegungen 165 Mal. Am Ende wurden alle Szenen digital zusammengesetzt.

Wie viele Weihnachts-filme werden jährlich veröffentlicht?

3

Filmrätsel

Ein hohläugiger „König" im Nadelstreifenanzug lässt in diesem Animationsfilm den Weihnachtsmann entführen und verteilt an dessen Stelle selbst gruselige Geschenke, die bei den Kindern blankes Entsetzen auslösen.

A Nightmare before Christmas

Hinter den Kulissen

Der Animationsfilm wurde in der Stop-Motion-Technik gedreht. Dabei werden die Bilder oder Frames einzeln belichtet. Die Animatoren verändern die Puppen für jedes einzelne Bild geringfügig und reihen die Bilder anschließend aneinander. Pro Sekunde braucht es 24 Bilder, damit die Bewegungen der Puppen flüssig wirken. Um eine Minute Film, also 1440 Frames, fertigzustellen, brauchten die Animatoren eine ganze Woche. Insgesamt arbeitete das Team dreieinhalb Jahre an der Fertigstellung des 76-minütigen Films.

Die Verantwortlichen von Disney wollten ursprünglich, dass Kürbiskönig Jack Skellington und alle anderen Gruselgestalten Augen bekommen, um ihnen freundlichere Züge zu geben. Doch Produzent Tim Burton und Regisseur Henry Selick entschieden sich bewusst dagegen und gaben ihren Halloweenern nur schwarze Augenhöhlen.

Jack-Skellington-Baumkugeln

Warum nicht auch mal Gruselfeeling an Weihnachten? Das Horrorgesicht von „Nikki-Graus" bringt Halloweenatmosphäre zum Fest.

Du brauchst

- Weihnachtskugeln in Weiß oder Silber
- Permanentmarker in Schwarz

So wird's gemacht

1 Zeichne die Umrisse von Augen, Nase und Mund mit dem Permanentmarker auf den Kugeln vor. Beginne mit der Nase in der Mitte der Kugel. Setze die Augen so daneben, dass die Unterkante mit der Nase etwa auf einer Höhe sitzt. Zum Schluss zeichnest du den Mund in die untere Hälfte der Kugel.

2 Fülle die Umrisse mit dem Permanentmarker aus.

4

Filmrätsel

Nachdem der Oktopus beim Krippenspiel erschienen ist, wird es für den Premierminister in dieser romantischen Episodenkomödie peinlich.

Antwort: Der häufigste Schauplatz ist die Stadt New York, dicht gefolgt von London und der Arktis.

Geschenkpapier
mit Holly-Zweig

„Soll ich Ihnen die Kette als Geschenk verpacken?", fragt der Schmuckverkäufer, gespielt von Rowan Atkinson, bevor er seine scheinbar endlose Einpack-Choreografie startet. Viel schneller hast du dieses Geschenkpapier bedruckt – mit weihnachtlichem Stechpalmenzweig.

Du brauchst

Packpapier
Moosgummi
Fusselrolle
Acrylfarbe in Grün und Rot
Bleistift mit Radiergummi
Motivausstecher „Stechpalme",
ca. 5 cm hoch
Pinsel

So wird's gemacht

1 Verwende den Motivausstecher als Schablone und übertrage die Form je nach Größe drei bis viermal auf Moosgummi. Schneide die Motive aus. Entferne an der Fusselrolle die obere Klebeschicht und klebe die Motive rundum auf die Fusselrolle, sodass eine Art Prägewalze entsteht.

2 Schneide Packpapierbögen nach Wunsch zurecht. Pinsele grüne Acrylfarbe auf die erhabenen Moosgummi-motive und rolle die Prägewalze einmal auf dem Papier ab. Trage erneut grüne Farbe auf und wiederhole den Schritt. Trage rote Farbe auf den Bleistiftradiergummi auf und drucke Beeren neben die Stechpalmenblätter. Trocknen lassen.

Tatsächlich Liebe

Hinter den Kulissen

Die Flughafenszenen am Anfang und am Ende des Films wurden nicht mit Statisten gedreht. Ein Kamerateam filmte eine Woche lang am Flughafen London Heathrow Begrüßungen und Abschiede echter Reisender.

Die legendäre Szene mit Rowan Atkinson als penetrantem Schmuckverkäufer wurde in dem beliebten Londoner Kaufhaus Selfridges gedreht. Um ohne Störungen durch neugierige Kund:innen arbeiten zu können, filmte das Team nachts im leeren Gebäude.

Richard Curtis wollte Rockstar Billy Mack (Bill Nighy) eigentlich mit David Bowie, Sting, Mick Jagger oder Peter Gabriel besetzen. Die Produzenten drängten jedoch auf einen Schauspieler, da sie fürchteten, dass ein echter Rockstar zu viel Einfluss auf Drehbuch und Musikauswahl nehmen würde.

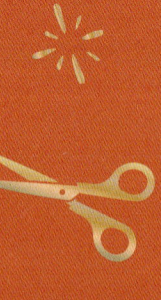

Welche Orte sind die beliebtesten Schauplätze für Weihnachtsfilme?

5

Filmrätsel

Nachdem die Familie in den Weihnachtsurlaub abgereist ist, genießt der jüngste Spross seine Freiheit – bis es ihm dann doch ein wenig zu ungemütlich wird.

Kevin – Allein zu Haus

Hinter den Kulissen

Kevin findet im verwaisten Familiendomizil eine Ausgabe des „Playboy", die er interessiert durchblättert. Vor dem Dreh der Szene klebte das Filmteam alle nicht jugendfreien Seiten des Hefts ab, damit der zehnjährige Hauptdarsteller Macaulay Culkin keine Nacktfotos zu sehen bekam.

Um die Einbrecher zu verjagen, spielt Kevin lautstark einige Szenen aus einem Gangsterfilm ab. Der Schwarz-Weiß-Streifen, der im Fernsehen der McCallisters läuft, ist frei erfunden. Regisseur Chris Columbus drehte ihn speziell für „Kevin – Allein zu Haus". Als Schurke ist der Schauspieler Ralph Foody in seiner letzten Rolle zu sehen. Sein Satz „Den Rest kannst du behalten, du Dreckschwein" ist mittlerweile legendär.

„Marv"-Darsteller Daniel Stern ließ sich in der Spinnenszene eine echte Tarantel aufs Gesicht setzen. Um das Tier nicht zu erschrecken, durfte Stern jedoch keinen Laut von sich geben. Sein markerschütternder Schrei wurde später hinzugefügt.

Verlockende Lebkuchenhäuschen

An Weihnachten soll keiner allein zu Haus sein. Deshalb gibt's die Mini-Lebkuchenhäuser im Doppelpack. Freundliche Gäste jederzeit willkommen!

Du brauchst

FÜR 2 HÄUSCHEN

- 125 g Honig
- 90 g Butter
- 100 g Zucker
- 1 Päckchen Vanillezucker
- 325 g Mehl (Typ 405) + etwas zum Verarbeiten
- 2 EL Kakaopulver
- 1 Ei (Gr. S)
- 1 EL Lebkuchengewürz
- 400 g Puderzucker
- 4–5 EL Zitronensaft
- 7–8 EL bunte Schokolinsen
- Minisalzbrezeln
- Lakritzkonfekt

So wird's gemacht

1 Honig, Butter, Zucker und Vanillezucker mit 20 ml Wasser in einem Topf erwärmen, bis der Zucker aufgelöst ist. Vom Herd nehmen. In einer Schüssel Mehl, Kakao, Ei und Gewürz verrühren. Die Honigmischung zufügen und alles gut verkneten. In Frischhaltefolie wickeln und über Nacht kaltstellen.

2 Teig aus dem Kühlschrank nehmen und Zimmertemperatur annehmen lassen. Den Backofen auf 180 °C vorheizen. Den Teig auf einem Bogen Backpapier flach ausrollen und sechs ca. 10 cm x 13 cm große Rechtecke zuschneiden. Teigreste erneut verkneten, Sterne ausschneiden und auf das Backblech legen. Alle Teile 15–20 Minuten backen. Auskühlen lassen.

3 Für den Guss den Puderzucker mit Zitronensaft cremig rühren. Den Guss in einen Spritzbeutel mit kleiner runder Tülle füllen. Auf die vier Rechtecke für das Dach Schokolinsen mit Guss aufkleben. Trocknen lassen. An den langen Rändern der beiden Bodenplatten Zuckerguss auftragen und die kurzen Kanten der Dachteile schräg daraufstellen. Das Dach oben jeweils mit Guss dick zusammenkleben. Trocknen lassen. Die Hauskanten und Sterne mit dem restlichen Zuckerguss verzieren. Einen Stern am Giebel und einige Stücke Lakritzkonfekt neben dem Eingang ankleben und die Dächer mit den Sternen, den Minisalzbrezeln und Schokolinsen verzieren.

6

Filmrätsel

Er muss seine Freunde in New York verlassen, um in England mit einem verbitterten und mürrischen alten Mann zu leben, Bückling zum Frühstück zu essen und in steifen Samtanzügen herumzulaufen.

Antwort: Umfragen zufolge sind "Drei Nüsse für Aschenbrödel" bei Frauen, "Kevin – Allein zu Haus" bei Männern die beliebtesten Filme.

Duftkerze
im Glas

Über eine Kerze im Fenster bleiben der kleine Ceddie und seine Mutter im Film gedanklich in Verbindung. Eine hübsche Duftkerze im Glas schafft bei dir zu Hause im Handumdrehen eine heimelige Atmosphäre.

Du brauchst

- ca. 200 g Wachsreste oder Wachspastillen in Farbe nach Wunsch
- 10 Tropfen ätherisches Duftöl (z.B. Zimt, Lavendel oder Orange)
- Flachdocht, 15 cm lang
- Glas, ca. 200 ml Füllinhalt
- Jutekordel (optional)
- Zimtstangen, getrocknete Orangenscheibe oder Lavendelblüten (optional)
- Holzspieß
- Klebefilm
- alter Topf

So wird's gemacht

1 Zerkleinere die Wachsreste grob und gib sie in einen alten Topf. Schmilz das Wachs bei niedriger Hitze. Sobald das Wachs flüssig ist, gibst du das Duftöl zu und rührst vorsichtig um.

2 Gib einen Tropfen flüssiges Wachs auf das untere Dochtende und klebe den Docht mittig auf den Glasboden. Aushärten lassen. Lege den Holzspieß über waagerecht auf den Glasrand und befestige den Docht mit Klebefilm so daran, dass er senkrecht und gerade im Glas steht.

3 Fülle das flüssige Wachs in das Glas; lass einen kleinen Rest im Topf. Lass das Wachs aushärten, dabei solltest du das Glas nicht bewegen. Wenn das Wachs fest wird, bildet sich rund um den Docht in der Regel eine Mulde im Wachs. Erhitze den Wachsrest im Topf erneut und fülle die Mulde damit auf. Lass das Wachs fest werden und schneide den Docht falls nötig auf ca. 1 cm Länge ab.

4 Zum Schluss kannst du etwas Jutekordel um das Glas wickeln und Zimtstangen, eine getrocknete Orangenscheibe oder Lavendelblüten daran festknoten.

Der kleine Lord

Hinter den Kulissen

Schloss Dorincourt ist in Wirklichkeit Belvoir Castle in der englischen Grafschaft Leicestershire, das später auch in der Serie „The Crown" als Kulisse diente.

Filmisch versierte Spürnasen entdecken in dem 1980 gedrehten Film einige Stars, die damals noch keine waren. Stallmeister Wilkins, der Cedric das Reiten beibringt, ist kein Geringerer als Patrick Stewart, der einige Jahre später in seiner Rolle als Captain Picard in der Kultserie „Star Trek" berühmt wurde. Bei dem Ball im Schloss hat Bill Nighy einen kurzen Auftritt, der in der Weihnachtskomödie „Tatsächlich … Liebe" die Rolle des Rockstars Billy Mack spielt.

Historisch versierte Spürnasen können in dem Film einige Fehler entdecken. Als der kleine Lord sein Spielzimmer im Schloss des Großvaters betritt, kommt neben der Tür ein Lichtschalter ins Bild. Elektrisches Licht gab es 1872, dem Jahr, in dem die Handlung des Films spielt, aber noch nicht. Erst 1880 erhielt der US-amerikanische Erfinder Thomas Alva Edison das Patent für die elektrische Glühbirne. Auch ein Auto ist im Film versehentlich im Hintergrund sichtbar, als Ceddie seinen ersten Auftritt macht.

7

Welche sind die beliebtesten Weihnachtsfilme in Deutschland?

Filmrätsel

Die tragisch-romantische Filmerzählung um eine Prinzessin und einen Kaiser ist aus dem weihnachtlichen TV-Programm nicht wegzudenken, obwohl Weihnachten darin kein einziges Mal vorkommt.

Sissi

Hinter den Kulissen

Die einzige Verbindung des Films „Sissi" zu Weihnachten ist die Tatsache, dass er am 21. Dezember 1955 in Wien in die Kinos kam. Einen Tag später hatte er in Westdeutschland Premiere. Zusammen mit den beiden folgenden Teilen „Sissi – die junge Kaiserin" (1956) und „Sissi – Schicksalsjahre einer Kaiserin" (1957) gehört die Trilogie zu den erfolgreichsten deutschsprachigen Filmproduktionen aller Zeiten.

Romy Schneider wurde als Sissi mit 17 Jahren zum Weltstar. Später war sie über ihre Rolle der zuckersüßen Kaiserin nicht mehr so glücklich. Sie klebe „wie Grießbrei" an ihr, beklagte sie sich einmal. Einen vierten Film lehnte sie daher ab, obwohl die Produzenten ihr eine Millionengage boten.

Der ganze Stolz der echten Kaiserin Sissi war ihre Haarpracht. Bis zum Boden reichten die braunen Strähnen. Vom Gewicht bekam sie des Öfteren Kopfschmerzen, und auch Sissi-Darstellerin Romy Schneider empfand das Gewicht der üppigen Perücke als ungewohnt und sehr anstrengend zu tragen.

Kissen
mit Sissi-Motiv

Superschnell und supereinfach genäht begeistert das Sissi-Kissen eingefleischte Fans nicht nur zur Weihnachtszeit.

Du brauchst

fester Baumwollstoff in Weiß oder Beige, 50 cm x 110 cm

Textil-Transferfolie zum Aufbügeln für helle Stoffe

Fotomotiv nach Wunsch zum Ausdrucken

Kisseninlet, 40 cm x 40 cm

farblich passendes Nähgarn

Bügeleisen

Nähmaschine

So wird's gemacht

1 Schneide aus Baumwollstoff für das Kissenvorderteil ein 42 cm x 42 cm großes Quadrat und für das Rückteil zwei jeweils 32 cm x 42 cm große Rechtecke zurecht. Schlage an den beiden Rechtecken jeweils eine lange Seite zweimal 1 cm auf links ein und nähe den Umschlag knappkantig fest. Versäubere alle übrigen Kanten an Vorderteil und Rückteilen mit Zickzackstich.

2 Drucke das Fotomotiv nach Herstelleranleitung auf Textil-Transferfolie aus. Schneide das Motiv passend zurecht und bügle es nach Herstelleranleitung mittig auf die rechte Stoffseite des Kissenvorderteils.

3 Lege die beiden Rückteile rechts auf rechts auf das Vorderteil, sodass sich die beiden umgenähten Kanten überlappen. Nähe Vorder- und Rückteile an den Außenkanten zusammen. Zum Schluss ziehst du das Inlet ein.

8

Filmrätsel

Der Zug erreicht den Nordpol gerade noch rechtzeitig um 23.55 Uhr. Als der Junge das Glöckchen hört, steht der Weihnachtsmann vor ihm.

Antwort: Der Dezember ist mit 11-14 Millionen Kinobesuchern weltweit der umsatzstärkste Monat für Kinobetreiber.

Heiße Schokolade
mit Schuss

Eine heiße Schokolade verwöhnt nicht nur die Kinder im Polarexpress während der Fahrt zum Nordpol. Verfeinert mit Likör oder – für die Kleinen – leckerem Karamell- oder Haselnusssirup wird der Kakao mit Schuss zum Genuss für die ganze Familie.

Du brauchst

FÜR 2 TASSEN

60 g Vollmilchkuvertüre
500 ml Milch
1 Stück Sternanis
½ TL Zimt
3 EL Kakaopulver
3 EL brauner Zucker
4 EL Likör (z. B. Mandel- oder Whisky-Sahne-Likör), alternativ Haselnuss- oder Karamellsirup
100 g Sahne
2 EL Mini-Marshmallows

So wird's gemacht

1 Die Kuvertüre fein hacken. Milch mit Sternanis und Zimt aufkochen. Vom Herd nehmen und Kuvertüre, Kakao und Zucker unterrühren, bis sich alles aufgelöst hat. 10 Minuten ziehen lassen.

2 Die Sahne steif schlagen. Die Trinkschokolade durch ein Sieb geben. Likör oder Sirup zufügen, auf zwei Tassen verteilen und mit Sahne und Marshmallows dekorieren.

Der Polarexpress

Hinter den Kulissen

Der computeranimierte Film wurde mit Motion-Capture-Technik gedreht. Dabei werden echten Schauspielern am ganzen Körper Bewegungssensoren angebracht. Die Schauspieler werden real gefilmt und ihre Bewegungen und ihr Gesichtsausdruck anschließend auf die digitalen Figuren übertragen. Die Technik war 2004, als der Film gedreht wurde, brandneu. In der Folge setzte sie sich für Animationsfilme aber nicht durch, denn die menschlichen Charaktere werden damit so lebensecht animiert, dass es schon gruselig wirkt.

Tom Hanks übernahm in dem Film sechs Rollen. Er spielte den Schaffner, den Landstreicher, Ebenezer Scrooge, den Weihnachtsmann, den Vater des Jungen und den Jungen selbst. Die Stimme des Jungen sprach jedoch ein jüngerer Schauspieler ein.

9

Wie viele Kinobesucher werden in der Weihnachtszeit gezählt?

Filmrätsel

Die Geschichte eines Engels, der einem frustrierten Geschäftsmann die Augen über sich und sein Leben öffnet, gehört zu den beliebtesten Weihnachtsfilmen – und das schon seit sehr langer Zeit.

Ist das Leben nicht schön?

Hinter den Kulissen

Der herzergreifende Weihnachtsfilm mit James Stewart in der Hauptrolle des verzweifelten gutmütigen Geschäftsmannes wurde mitten im Hochsommer 1946 in Kalifornien gedreht. Um den fiktiven Ort Bedford Falls tief verschneit aussehen zu lassen, musste das Produktionsteam massenhaft Kunstschnee niedergehen lassen. Die herkömmlichen weiß gefärbten Cornflakes wollte Regisseur Frank Capra nicht, da sie beim Laufen zu sehr knirschten. Spezialisten entwickelten eine Mischung aus Wasser, Zucker und Löschschaum, um das Filmset in ein Winterwunderland zu verwandeln.

Das FBI prüfte den Film sehr kritisch auf „kommunistische Tendenzen". Besonders die negative Darstellung des reichen Bankers Mr. Potter erregte bei der Behörde Anstoß. Auch die Sittenwächter waren alarmiert. Die legendäre Kussszene am Telefon musste Regisseur Capra nach dem Dreh kürzen, da sie den Zensoren zu heiß war.

Der Weihnachtsklassiker wurde zwar für fünf Oscars nominiert, floppte aber zunächst an den Kinokassen. Erst als die Verleihfirma vergaß, die Rechte an dem Werk zu verlängern und der Film ab 1974 von TV-Sendern kostenlos gezeigt werden durfte, lief er so oft im Fernsehen, dass seine Beliebtheit abrupt anstieg.

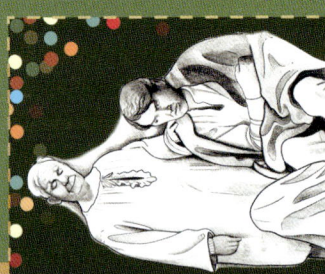
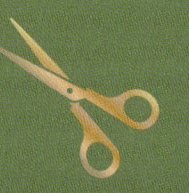

Leuchtender Engel
im Sternenkleid

Der Leuchte-Engel ist nicht nur wundersam schnell gebastelt, er bringt auch genau die richtige Portion stimmungsvolles Licht in die dunkle Jahreszeit.

Du brauchst

- Lichteffektfolie mit Sternmotiv, 50 cm x 50 cm
- Holzkugel ohne Bohrung, ø 4 cm
- Engelsflügel mit Federn in Weiß, ca. 12 cm x 10 cm
- Chenilledraht in Gold, 20 cm
- Micro-LED-Lichterdraht mit 20 Lichtern
- Klebstoff
- Heißklebepistole

So wird's gemacht

1 Zeichne für den Körper einen Kreis mit 40 cm Durchmesser auf die Sternenfolie. Teile den Kreis in drei Drittel und schneide einen Drittelkreis aus. Lege den Drittelkreis zum Kegel zusammen und schneide die Spitze in einer Rundung so zurecht, dass die Holzkugel stabil darauf liegt. Klebe die Seitenkanten des Körpers mit Klebstoff zusammen. Trocknen lassen. Klebe die Kugel mit der Heißklebepistole als Kopf auf den Körper. Trocknen lassen.

2 Wickle ein Ende des Chenilledrahts Ende mehrfach um den Hals, um die Klebestelle zu verdecken. Biege aus dem Endstück des Drahts hinter dem Kopf einen runden Heiligenschein und klebe das Ende an. Schneide überstehenden Draht ab.

3 Klebe die Flügel mit Heißkleber auf den Rücken des Engels. Platziere den LED-Lichterdraht im Inneren des Engels und verteile die LEDs dekorativ, damit der Sterneffekt der Folie schön zur Geltung kommt.

10

Filmrätsel

*Er ist grün.
Er ist grimmig.
Sein Hund heißt Max.
Er hasst Weihnachten.*

Antwort: Der Animationsfilm "Der Grinch" gilt als umsatzstärkster Weihnachtsfilm und spielte 2018 stolze 512 Millionen US Dollar ein.

Cupcakes
für Weihnachtsmuffel

Perfekt für einen gemütlichen Filmnachmittag mit dem Grinch. Diese Cupcakes zaubern selbst dem grimmigsten Weihnachtsmuffel ein Lächeln ins Gesicht.

Du brauchst

FÜR 12 CUPCAKES

125 g Butter
125 g Zucker
2 Eier
1 Päckchen Vanillezucker
125 g Mehl
1 ½ TL Backpulver
Lebensmittelfarbe in Grün

FÜR DAS TOPPING

220 g weiche Butter
300 g Puderzucker
1 TL Vanilleextrakt
2 EL Milch
Lebensmittelfarbe in Grün und Rot
Fondant in Schwarz und Weiß

AUSSERDEM

12 Muffinförmchen aus Papier
Spitzbeutel mit runder Tülle und kleiner Sterntülle

So wird's gemacht

1 Den Backofen auf 160 °C vorheizen. Für den Teig die Butter mit dem Rührgerät schaumig schlagen. Zucker und Vanillezucker zufügen und cremig aufschlagen. Die Eier verquirlen und unterrühren. Mehl und Backpulver darüber sieben und vorsichtig mit dem Kochlöffel unterheben (nicht mehr rühren), sodass ein homogener Teig entsteht. Den Teig mit Lebensmittelfarbe grün färben, auch dabei den Teig möglichst wenig rühren. Den Teig auf Muffinförmchen verteilen und 20–22 Minuten backen. Auskühlen lassen.

2 Für das Topping die Butter 3–4 Minuten schaumig schlagen. Puderzucker sieben und unterrühren. Vanilleextrakt und Milch unterrühren.

3 2 EL Buttercreme beiseite stellen. Ein Drittel der restlichen Creme mit Lebensmittelfarbe rot färben, den Rest grün. Grüne Buttercreme in einen Spritzbeutel mit runder Tülle füllen und spiralförmig als Gesicht auf die Muffins spritzen. Mit roter Buttercreme spiralförmig die Weihnachtsmütze aufspritzen. Mit kleiner Sterntülle Tupfen aus weißer Buttercreme zwischen grüner und roter Buttercreme und auf die Spitze der Mütze aufspritzen.

4 Aus dem weißem und schwarzen Fondant Augen und grimmige Augenbrauen formen und auf die grüne Buttercreme setzen.

Der Grinch

Hinter den Kulissen

Hauptdarsteller Jim Carrey saß während der Dreharbeiten zu dem im Jahr 2000 erschienenen Film täglich mehrere Stunden in der Maske, um sich in den grimmigen Grinch zu verwandeln. Das Kostüm bestand aus einem hautengen Spandex-Bodysuit, auf den grün gefärbtes Yak-Fell genäht worden war. Er sei sich darin vorgekommen wie lebendig begraben, berichtete Carrey nach den Dreharbeiten. Damit er die Strapazen in dem engen Kostüm besser aushalten konnte, engagierte Regisseur Ron Howard einen Spezialisten der CIA, der Agenten mental trainiert, Folter zu ertragen. Der Aufwand hat sich gelohnt: Der Film gewann 2001 den Oscar für das beste Make-up und Hairstyling.

Für die Rolle des Grinch erschienen zahlreiche Hollywoodstars zum Vorsprechen, darunter Jack Nicholson, Eddie Murphy, Tom Hanks und Tim Curry.

Taylor Momsen, die Darstellerin der kleinen Cindy Lou Who, wurde ab 2007 in der TV-Serie Gossip Girl zum Star und feiert seit 2011 als Frontfrau der Rockband The Pretty Reckless Erfolge.

11

Filmrätsel

Welcher Kinofilm legte den erfolgreichsten Kinostart hin?

Als es am Weihnachtsabend so richtig gemütlich wird, packen die Familienmitglieder ihre Geschenke aus. Danach kommt es zu einer Explosion.

Loriot – Weihnachten bei Hoppenstedts

Hinter den Kulissen

Ist Dicki ein Junge oder Mädchen? Das fragen sich viele Fans des Klassikers noch heute. Loriot hat es bewusst offengelassen. Gespielt wurde Dicki von der siebenjährigen Katja Bogdanski. Am Casting für die Rolle des pummeligen Kinds nahm auch Hape Kerkeling teil, der aber mit 13 Jahren zu alt war.

Die legendäre Szene, in der Dicki mit dem Fuß gegen den Fernseher tritt, um ihn anzuschalten, wurde 40-mal gedreht. Einmal war der Tritt zu schwungvoll und das Gerät kippte um. Anschließend musste ein Assistent hinter dem Fernseher sitzen, um ihn festzuhalten.

Den eingegipsten Arm des Staubsaugervertreters Jürgens musste Loriot kurzfristig ins Drehbuch integrieren, denn Schauspieler Rudolf Kowalski hatte sich kurz vor Drehbeginn den rechten Arm gebrochen. Loriot ließ daraufhin alle Vertreter der Firma Heinzelmann mit Gipsarm auftreten und machte die einhändige Präsentation des Saugblasers Heinzelmann im Sketch zum Werbegag.

Weihnachtskarte
mit Lametta

„Früher war mehr Lametta", beschwert sich Opa Hoppenstedt über den geschmückten Christbaum. Bring mit dieser Weihnachtskarte mehr Lametta in das Leben deiner Lieben.

Du brauchst

- Lametta in Dunkelgrün
- Transparentpapier in Rot, Rest
- Klappkarte in Farbe nach Wunsch, A6
- doppelseitiges Klebeband in Transparent
- Maskingtape in Gold oder Braun
- Folienstern in Gold
- Bastelkleber
- Nähmaschine

So wird's gemacht

1 Schneide ein Stück Transparentpapier etwas kleiner als die Vorderseite der Karte zu und klebe es mit doppelseitigem Klebeband auf.

2 Klebe einen längeren Streifen doppelseitiges Klebeband mit etwas Abstand zur Ober- und Unterkante mittig senkrecht auf das Transparentpapier und zwei kürzere Streifen im unteren Drittel seitlich davon.

3 Lege das Lametta waagerecht über die Klebestreifen. Klebe mittig senkrecht einen Streifen Maskingtape darüber. Näh ein bis zweimal mit der Nähmaschine mittig über den Maskingtape-Streifen, um das Lametta zu fixieren.

4 Reiße das Maskingtape links und rechts der Naht vorsichtig weg. Zum Schluss schneidest du das Lametta baumförmig zurecht und klebst den goldenen Stern auf die Spitze des Baums.

12

Filmrätsel

Der Film spielt in Vermont. George Clooneys Tante ist in einer der Hauptrollen zu sehen. Der Titelsong ist eine der meistverkauften Singles aller Zeiten.

Antwort: Im Jahr 1898 entstand der zweiminütige Stummfilm "Santa Claus".

Glitzernde Schneeflocken

„Snow, snow, snow, snow", singt das Hauptdarsteller:innen-Quartett auf der Zugreise nach Vermont, aber erst am letzten Abend fällt der ersehnte Schnee. Funkelnde Papierschneeflocken springen ein, wenn die weiße Pracht mal wieder ausbleibt.

Du brauchst

FÜR 2 SCHNEEFLOCKEN
14 Butterbrottüten
Silberdraht, 50 cm lang
Klebestift
Schere

Tipp
Du kannst ein Mini-LED-Ballonlicht mit Timerfunktion oder Fernbedienung in die Schneeflocke einlegen, um sie zum Glitzern zu bringen.

So wird's gemacht

1 Lege eine Butterbrottüte mit der Öffnung nach oben auf die Arbeitsfläche. Trage Klebstoff in Form eines umgekehrten T auf: ein Streifen verläuft mittig von oben nach unten, der zweite senkrecht dazu am unteren Rand von links nach rechts. Klebe die zweite Tüte bündig mit der Öffnung nach oben darauf. Wiederhole den Schritt mit insgesamt 7 Brottüten pro Schneeflocke.

2 Schneide für Schneeflocke 1 die Tüten an der oberen (geöffneten) Kante zu einem Zacken zurecht. Für Schneeflocke 2 schneidest du zusätzlich an den Seiten jeweils ein halbes Herz mit der Spitze nach oben aus.

3 Zieh die Schneeflocke an den beiden äußeren Zacken auseinander und fächere sie auf. Lege die äußeren Zacken aufeinander, schiebe das Ende des Silberdrahts als Aufhänger dazwischen und klebe die Papierlagen zusammen.

Weiße Weihnachten

Hinter den Kulissen

Bing Crosbys Version des Songs „White Christmas" ist eine der meistverkauften Singles aller Zeiten. Aufgenommen hat Crosby die Weihnachtsschnulze allerdings bereits 13 Jahre bevor der Film 1954 auf die Leinwand kam. Bis dahin wurde der Song in zwei anderen Filmen verwendet und war bereits Crosbys Erkennungsmelodie.

Zwischen den Hauptdarsteller:innen gab es große Altersunterschiede. Die 26-jährige Rosemary Clooney – übrigens George Clooneys Tante – spielte Vera-Ellens ältere Schwester, war in Wirklichkeit aber sieben Jahre jünger als ihre Filmpartnerin. Bing Crosby war bereits 51, also 25 Jahre älter als seine Filmliebschaft Clooney. Und Dean Jagger, der den alten General verkörperte, war sogar einige Monate jünger als Bing Crosby.

Wenn der Winterzauber am Ende des Films einsetzt und die Schneeflocken vom Himmel rieseln, standen die Schauspieler in Unmengen weißer Asbestfasern. Dass das Material krebserregend ist, wusste man damals noch nicht. Bis weit in die 1950er Jahre hinein war es in Hollywood der Standardkunstschnee.

13

Wann wurde der erste Weihnachtsfilm aller Zeiten gedreht?

Filmrätsel

Ist der Weihnachtsmann nur ein verkleideter Kaufhausangestellter? Oder ein geisteskranker Schläger? Um seine Echtheit zu beweisen, muss Santa Claus in diesem zuckerstangensüßen Weihnachtsdrama viel Überzeugungsarbeit leisten – sogar vor Gericht.

Das Wunder von Manhattan

Hinter den Kulissen

Die Produzenten des 1994 erschienenen Films wollten das Kaufhaus wie in dem 1947 erschienenen Original wieder „Macy's" nennen. Viele Szenen wurden damals in dem New Yorker Department Store in der 34. Straße gedreht. Macy's lehnte dies jedoch ab – aus Respekt vor dem filmischen Original. Und so wurde das Kaufhaus in dem Remake in „Cole's" umbenannt.

Der legendäre New Yorker Central Park spielt eine Hauptrolle in dem Film. Man sieht nicht nur die riesige Schlittschuhbahn mitten im Park, auch die traditionelle Thanksgiving Parade an der Westseite des Parks wurde für den Film eingefangen. Das Gebäude des Kaufhauses steht jedoch in Wirklichkeit nicht in New York. Hierfür musste das Art Institute of Chicago herhalten.

Zuckerstangen-Plätzchen

Rot-weiße Zuckerstangen sind für amerikanische Weihnachten ein Muss. Zwei riesige rot-weiße „Candy Canes" schmücken daher auch die Kutsche des Santa Claus in der Parade im Film. Die Zuckerstangen-Plätzchen verbinden die amerikanische Tradition mit unserem traditionellen Mürbeteig.

Du brauchst

FÜR CA. 45 PLÄTZCHEN
200 g weiche Butter
100 g Zucker
1 Päckchen Vanillezucker
Abrieb von 1 Bio-Zitrone
1 Ei (Gr. M)
300 g Mehl
Lebensmittelfarbe in Rot

So wird's gemacht

1 Die Butter in einer Schüssel schaumig schlagen. Puderzucker, Vanillezucker und Zitronenabrieb einrühren. Das Ei unterrühren, Mehl hinzufügen und alles zu einem homogenen Teig verkneten.

2 Den Teig in zwei gleich große Stücke teilen. In eine Teighälfte rote Lebensmittelfarbe einkneten. Beide Teighälften jeweils zu einer Kugel formen und in Frischhaltefolie gewickelt mindestens 1 Stunde kaltstellen.

3 Den Backofen auf 200 °C vorheizen. Zwei Backbleche mit Backpapier auslegen. Aus beiden Teighälften Stränge formen, die ca. 1 cm Durchmesser und 10 cm Länge haben, die oberen Enden leicht spitz zulaufen lassen. Dabei immer nur kleine Stücke verarbeiten, und den restlichen Teig im Kühlschrank lassen, damit er nicht zu weich wird.

4 Jeweils einen roten und einen weißen Teigstrang miteinander verdrehen und das obere Ende rund umbiegen. Die fertig geformten Zuckerstangen gegebenenfalls bis zum Backen noch mal kaltstellen. Die Zuckerstangen auf die Backbleche legen und 10–12 Minuten backen. Der weiße Teig sollte noch hell sein.

14

Filmrätsel

Er ist am Nordpol aufgewachsen und macht sich nach seinem dreißigsten Geburtstag nach New York auf, um seinen Vater zu finden. Dieser glaubt jedoch zunächst, es mit einem kostümierten Geistesgestörten zu tun zu haben.

Antwort: Es ist "Stirb Langsam" mit Bruce Willis in der Rolle des John McClane. Die actiongeladene Filmreihe zählt außerdem zu den erfolgreichsten Weihnachtsklassikern.

Weihnachtswichtel

aus Filz

Ziehen bei dir an Weihnachten auch die Wichtel ins Haus ein? Gegen diesen Miniwichtel aus Filz würde Weihnachtself Buddy noch riesiger aussehen. Das Beste an ihm: Der bärtige Geselle mit der langen Mütze kommt ganz ohne Nähen aus.

Du brauchst

- Filz in Blau und Rot, Reste
- 1–2 EL Traubenkerne oder Dekogranulat
- 10–15 g Füllwatte oder Füllflocken
- Holzperle, ø 1 cm
- Heißklebepistole

So wird's gemacht

1 Schneide für den Körper aus blauem Filz einen Kreis mit 6 cm Durchmesser und ein 19 cm x 7 cm großes Rechteck aus. Trage am Kreisrand ca. 5 mm breit Heißkleber auf und klebe die lange Seite des Rechtecks rundum auf; lass dabei die kurzen Kanten des Rechtecks überlappen. Klebe die überlappenden Kanten zusammen. Trocknen lassen.

2 Fülle Traubenkerne in den Körper. Den Rest füllst du bis kurz unter den oberen Rand des Körpers mit Füllwatte auf. Klappe die Oberkante nach innen, kräusele sie mit den Fingern etwas zusammen und fixiere die Kräusel mit Heißkleber. Trocknen lassen. Zupfe ein wenig Fülllwatte zurecht und klebe sie als Bart auf den Körper und über die Kräusel.

3 Schneide für die Mütze aus rotem Filz einen Viertelkreis zurecht; die geraden Kanten sind 13 cm lang, der Kreisbogen ca. 20,5 cm. Klebe die geraden Kanten zu einer Mütze zusammen, die gut über den Wichtelkörper passt. Stopfe etwas Füllwatte in die Mütze. Klebe die Mütze leicht schräg auf den Körper, lass vorn ca. 2 cm für die Nase frei.

4 Schiebe die Holzkugel vorn als Nase leicht unter die Mütze und klebe sie an. Trocknen lassen. Klebe zum Schluss die Mütze oben an der Nase fest.

Buddy – Der Weihnachtself

Hinter den Kulissen

Die Außenaufnahmen für den Weihnachtsklamauk wurden im Dezember 2002 im vorweihnachtlichen Manhattan gedreht. Das Filmteam heuerte Passanten auf der Straße spontan als Statisten für die Szenen mit Buddy auf der Park Avenue an. Auch die Szene mit dem Mann mit weißem Bart und rotem Mantel, den Buddy für den Weihnachtsmann hält, entstand zufällig. Will Ferrell hatte ihn in seiner Buddy-Verkleidung einfach angesprochen, als er über den Zebrastreifen ging.

Regisseur Jon Favreau verzichtete auf Spezialeffekte, um Buddy in der Elfenwelt größer als die Elfen erscheinen zu lassen. Stattdessen verwendete er die traditionelle Technik der „erzwungenen Perspektive". Dabei stand oder saß Will Ferrell im Vordergrund und die Darsteller der Elfen mehrere Meter von ihm entfernt im Hintergrund. Aufgrund der optischen Täuschung entstand der Eindruck des Größenunterschieds. Mit derselben Methode wurde der brennende Baum am Anfang des Films dargestellt. Die brennende Spitze war ein Minibaum direkt vor der Kamera. Die untere Baumhälfte stand 15 Meter davon entfernt im Hintergrund.

15

Filmrätsel

Ein eher ungewöhnlicher Weihnachtsklassiker, in dem Terroristen und ein Polizist mit robusten Methoden die tragende Rolle spielen, kam in den 1980ern in die Kinos. Wie heißt der Film?

Ein zynischer Fernsehproduzent, der Weihnachten für eine sentimentale Zeitverschwendung hält, verwandelt sich durch drei Geister, die ihm sein vergangenes, gegenwärtiges und zukünftiges Leben vor Augen führen, zum warmherzigen Menschenfreund.

Die Geister, die ich rief

Hinter den Kulissen

Der Filmklamauk basiert auf Charles Dickens' 1843 erschienenem Roman „A Christmas Carol" („Eine Weihnachtsgeschichte") über den hartherzigen Geizhals Ebenezer Scrooge. Regisseur Richard Donner hatte zunächst Zweifel, ob man die recht düstere Vorlage in eine Komödie verwandeln kann. Das Drehbuch wurde daher einige Male umgeschrieben. Auch Hauptdarsteller Bill Murray machte Änderungsvorschläge für die Storyline.

Bill Murray improvisierte die meisten seiner Sätze in dem Film und trieb Regisseur Donner damit an den Rand der Verzweiflung. Bei Murray Regie zu führen sei wie mitten auf der 42. Straße in New York bei einem Stromausfall in totaler Dunkelheit den Verkehr regeln zu müssen, erinnerte sich Donner an die Dreharbeiten.

Die „armen" Straßenmusiker, die Murray in seiner Rolle als arroganter Fernsehproduzent Frank Cross beleidigt, sind keine Geringeren als der weltberühmte Jazztrompeter Miles Davis, Keyboarder Paul Shaffer, Jazz- und Bluessaxofonist David Sanborn und Jazzgitarrist Larry Carlton.

Gespenstisch-süße Weihnachtsplätzchen

Plätzchen backen gehört zu Weihnachten wie Weihnachtsfilme schauen. Warum die klassischen Mürbeteigplätzchen mit Konfitürefüllung nicht mal passend zum Film in zuckersüße Geister verwandeln? Lecker!

Du brauchst

FÜR CA. 25 PLÄTZCHEN

200 g weiche Butter
100 g Zucker
1 Päckchen Vanillezucker
Abrieb von 1 Bio-Zitrone
1 Ei (Gr. M)
300 g Mehl + etwas zum Verarbeiten
Kirsch- oder Johannisbeerkonfitüre
Puderzucker zum Bestäuben

AUSSERDEM

Herz-Ausstecher, ca. 6 cm hoch
Trinkhalm, ø 3 mm und ø 5 mm

So wird's gemacht

1 Die Butter in einer Schüssel schaumig schlagen. Zucker, Vanillezucker und Zitronenabrieb einrühren. Das Ei unterrühren. Mehl zufügen und alles zu einem homogenen Teig verkneten. Den Teig zu einer Kugel formen und in Frischhaltefolie gewickelt mindestens 1 Stunde kaltstellen.

2 Den Backofen auf 200 °C vorheizen. Ein Backblech mit Backpapier auslegen. Den Teig auf der leicht bemehlten Arbeitsfläche 3 mm dünn ausrollen und mit dem Ausstecher Herzen ausstechen. Die Herzen längs in der Mitte halbieren und die Spitze jeweils spiegelverkehrt etwas nach außen formen, damit kleine Gespenster entstehen. Pro Herz in eine Hälfte mit Trinkhalmen zwei Augen und einen Mund stechen. Die Herzhälften auf das Backblech legen und 8–10 Minuten backen. Auskühlen lassen.

3 Auf alle unteren Herzhälften mit einem Teelöffel Konfitüre auftragen. Die Hälften mit dem Gesicht darauf setzen. Mit Puderzucker bestreuen.

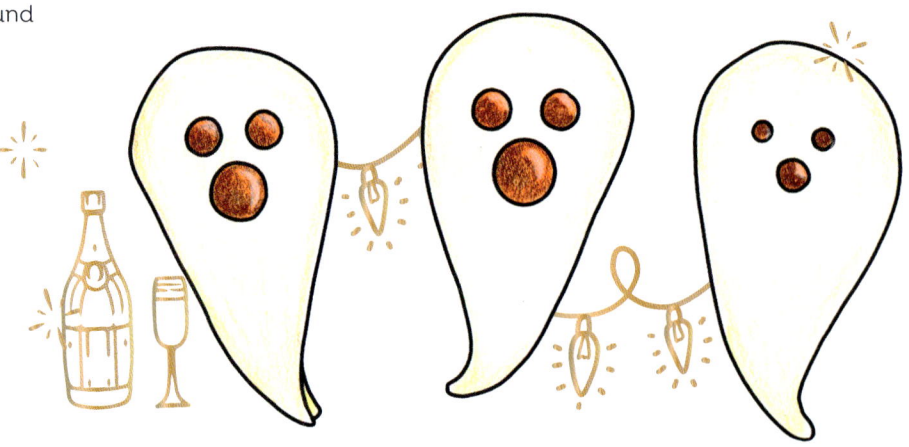

16

Filmrätsel

Als er die 250 000 Glühbirnen der weihnachtlichen Hausdekoration zum Leuchten bringen will, fällt in der ganzen Stadt der Strom aus.

*Antwort: Charles Dickens'
"Eine Weihnachtsgeschichte" (A Christmas Carol, 1843) wurde bisher mehr als 40 mal verfilmt.*

Stimmungsvolle Tannenbaum-Lichterkette

250 Lichterketten schmücken das Haus der Familie Griswold und doch stellt sich keine Besinnlichkeit ein. Die Lichterkette mit Tannenbäumen im Schnee zaubert im Nu eine stimmungsvolle Atmosphäre.

Du brauchst

- 10 Minidekogläser mit Korkdeckel (Inhalt 40 ml), 3 cm x 8,5 cm
- Mini-LED-Lichterkette mit 10 LEDs
- Schneepulver
- Minitannenbäumchen, ca. 6 cm hoch
- Heißklebepistole
- Bohrer, ø 2-3 mm
- Schere

So wird's gemacht

1 Bohre in die Mitte der Korkdeckel mit dem Bohrer vorsichtig ein Loch. Stecke jeweils eine LED der Lichterkette in das Loch, sodass das Licht in das Gläschen leuchtet. Fixiere die LEDs mit Heißkleber.

2 Fülle 1 cm hoch Schneepulver in die Gläschen. Anschließend schiebst du die Tannenbäume in die Gläschen. Sollten die Tannenbäume zu lang sein, kannst du einfach die Spitze in passender Länge abschneiden und verwenden.

3 Setze die Korkdeckel auf die Gläser. Falls du die Kette aufhängen möchtest, kannst du die Deckel dünn mit Heißkleber fixieren, damit sie sich durch das Gewicht der Gläschen nicht lösen.

★ Tipp
Statt mit Tannenbäumen kannst du die Gläschen auch mit Minizuckerstangen oder goldenen Sternen befüllen.

Schöne Bescherung

Hinter den Kulissen

„Ich will ihm sagen, was für ein verlogener, mieser, ... hirnloser, ... pickeliger ... Haufen Affenkot er ist", flucht Vater Griswold im Film 25 Sekunden lang über seinen Boss. Damit Darsteller Chevy Chase sich alle Schimpfwörter merken konnte, wurden sie auf großen Plakaten hinter der Kamera platziert.

Ursprünglich sollte Chris Columbus Regie führen. Wegen der Starallüren von Hauptdarsteller Chevy Chase verließ der junge Regisseur das Set jedoch noch vor den ersten Aufnahmen zu der 1989 erschienen Komödie und übernahm stattdessen die Regie in dem viel erfolgreicheren Streifen „Kevin – Allein zu Haus".

Die Szene, in der die Katze in eine der 250 Lichterketten beißt, die das Familiendomizil schmücken, und einen Stromschlag bekommt, wäre beinahe herausgeschnitten worden. Der schwarze Humor schien dem Filmteam zu heikel. Doch das Publikum der Probevorführung fand die Szene besonders witzig, und so blieb sie im Film.

Welcher Literaturklassiker wurde am häufigsten als Film adaptiert?

17

Filmrätsel

Zwei Schwestern, ein Eisverkäufer, ein sprechender Schneemann und ein Rentier sind die Hauptrollen in diesem animierten Wintermärchen.

Die Eiskönigin – Völlig unverfroren

Hinter den Kulissen

Der Film basiert auf Motiven des Märchens „Die Schneekönigin" von Hans Christian Andersen. Bereits 1937 wollte Walt Disney die Geschichte filmisch umsetzen, aber erst 2013 es dazu.

600 kreative Köpfe arbeiteten zweieinhalb Jahre an dem Animationsfilm. Die Animation der Szene, in der Elsa ihren Eispalast in die Höhe schießen lässt, nahm allein neun Monate in Anspruch. Mehr als 50 „Effects Artists" und „Lighting Artists" arbeiteten an der 36 Sekunden dauernden Einstellung. Sie brauchten für jedes der circa 860 Einzelbilder jeweils 30 Stunden.

Um den Film realistisch zu gestalten, ließen sich die Produzenten einiges einfallen. Die Kreativen mussten an einem „Schwestern-Workshop" teilnehmen, um die Beziehung von Anna und Elsa möglichst lebensecht darzustellen. Ein echtes Rentier im Studio sollte als Vorbild für Svens Bewegungen und Verhalten dienen.

Kuschelige Handwärmer

Hände, die beim Spaziergang an den Weihnachtstagen immer schön warm und nie „frozen" sind – dafür sorgen diese beiden superschnell genähten Handwärmer.

Du brauchst

FÜR 2 HANDWÄRMER

Baumwollstoff mit Weihnachtsmotiv, 4x 12 cm x 12 cm

130 g Dinkel, Roggen- oder Weizenspelz, alternativ Kirsch- oder Traubenkerne

Nähmaschine oder Nähnadel

farblich passendes Nähgarn

Trichter

So wird's gemacht

1 Lege je zwei Stoffstücke rechts auf rechts und nähe die Kanten füßchenbreit von Hand oder mit der Nähmaschine mit Geradstich zusammen; lass dabei an einer Seite eine 4 cm lange Wendeöffnung. Verriegle Anfang und Ende der Naht sorgfältig. Wende die Säckchen und forme die Ecken mit einer Schere aus.

2 Fülle Spelz oder Kerne mithilfe des Trichters in die Säckchen. Schlage anschließend die Nahtzugaben an der Öffnung nach innen. Nähe die Nahtzugabe knappkantig mit der Nähmaschine zu oder schließe die Öffnung von Hand mit Leiterstichen.

Tipp

Zum Erwärmen legst du die Handwärmer für 30 Sekunden bei 600 Watt in die Mikrowelle.

18

Filmrätsel

Eine hölzerne Flöte, ein grüner Pulli, ein Schokofrosch, Geleebohnen in außergewöhnlichen Geschmacksrichtungen sowie ein schwarz glänzender Umhang sind die ersten echten Weihnachtsgeschenke, die dieser besondere Schüler erhält.

Antwort: Alan Rickman! Er spielte im Actionklassiker "Stirb Langsam" den Bösewicht Hans Gruber, trat in den Harry-Potter-Filmen als Severus Snape auf und spielte 2003 in "Tatsächlich ... Liebe" an Emma Thompsons Seite.

Zauberhaftes Butterbier

Für das Lieblingsgetränk der Hogwarts-Schüler, das nach Sahne, Karamell und Vanille schmecken soll, gibt es in der Muggel-Welt kein Rezept. Diese leckere Mischung kommt dem Kultgetränk aus den Harry-Potter-Filmen aber magisch nahe.

Du brauchst

FÜR 4 GLÄSER
4 TL Butter
2 TL Rohrzucker
250 ml Sahne
400 ml Milch
Mark von 1 Vanilleschote
2 TL Zimt
300 ml Malzbier

So wird's gemacht

1 Die Butter in einem Topf zerlassen. Zucker zugeben und bei mittlerer Hitze unter Rühren leicht karamellisieren lassen. Mit 100 ml Sahne ablöschen. Die Mischung unter Rühren köcheln, bis sich der Karamell aufgelöst hat.

2 Milch, Vanillemark und Zimt verrühren und zur Butter-Sahne-Mischung geben. Aufkochen und drei Minuten köcheln lassen. Den Topf vom Herd nehmen und das Malzbier einrühren. Den Topf wieder auf den Herd stellen und das Butterbier bei mittlerer Hitze erwärmen, aber nicht mehr kochen.

3 Die restliche Sahne steif schlagen. Das Butterbier in hitzebeständige Gläser füllen und mit Sahne garnieren. Sofort servieren.

Harry Potter & der Stein der Weisen

Hinter den Kulissen

Alle Köstlichkeiten, die in der großen Halle für das Festessen aufgetischt wurden, waren im ersten Teil der Harry-Potter-Filme echt. Truthähne, Kartoffeln, Erbsen, Preiselbeeren und Soße wurden für die Drehs stets frisch gekocht. Leider entwickelten die Speisen unter dem heißen Scheinwerferlicht schnell einen unangenehmen Geruch. Für die folgenden Filme wurden Truthahn & Co. nur einmal gekocht, dann eingefroren, abgeformt und in Harz gegossen. Die Erbsen waren grün angesprühte Metallkugeln.

Die große Halle, das Treppenhaus und der Gemeinschaftsraum der Gryffindors waren im ersten Teil die einzigen Kulissen, die das Team für Hogwarts baute. Andere Hogwarts-Szenen wurden in Oxford, Gloucester Cathedral und Alnwick Castle gedreht.

Das Filmteam wollte auch einige Szenen in der Canterbury Cathedral drehen, doch der damalige Dekan wollte nicht, dass „heidnische" Szenen in einer christlichen Kirche gespielt werden.

19

Welcher britische Schauspieler ist besonders häufig in beliebten Weihnachtsklassikern zu sehen?

Filmrätsel

Ein Frosch spielt einen Buchhalter, ein Bär einen Kaufmann und ein Schwein die Ehefrau eines reichen Geschäftsmanns. Dazu gesellt sich ein Oscar-Preisträger und die aberwitzige Weihnachtsshow kann losgehen.

Die Muppets Weihnachtsgeschichte

Hinter den Kulissen

Die Filmerzählung von dem verbitterten Menschenfeind Ebenezer Scrooge geht auf Charles Dickens' 1843 erschienenen Roman „A Christmas Carol" („Eine Weihnachtsgeschichte") zurück. Trotz Puppen, Musik- und Tanzszenen sowie dem gewohnt anarchischen Muppets-Humor gilt der Puppenfilm als eine der düstersten Verfilmungen des Romans.

Die Muppets-Figuren übernehmen die Rollen in der Geschichte gemäß ihrem Charakter aus der „Muppet Show". Die resolute Miss Piggy spielt Ebenezer Scrooges Ehefrau, Kermit der Frosch den stets am Rande des Nervenzusammenbruchs taumelnden Buchhalter Bob Cratchit und die Logen-Besserwisser Waldorf und Statler die Geister der ehemaligen und noch fieseren Geschäftspartner Marley & Marley.

Oscar-Preisträger Michael Caine soll sich für seine Rolle als Ebenezer Scrooge vorgenommen haben, den hartherzigen Scrooge absolut ernst und dramatisch zu spielen, als würde er mit der Royal Shakespeare Company zusammenarbeiten und als gäbe es keine Puppen um ihn herum.

Windlicht
mit Herz

Das Windlicht mit dem warm leuchtenden Herz bringt etwas Helligkeit in die düstere Weihnachtsgeschichte des herzlosen Scrooge.

Du brauchst

Bastelfilz in Froschgrün,
2–3 mm stark, Rest
leeres Marmeladen- oder
Konservenglas
Trickmarker
Heißklebepistole
Bastelmesser und
Schneideunterlage
Teelicht

So wird's gemacht

1 Miss Höhe und Umfang des Glases aus und zeichne mit Trickmarker ein Rechteck in entsprechender Größe auf den Filz. Schneide das Rechteck 1–2 mm größer aus. Zeichne mit Trickmarker mittig ein Herz auf das Rechteck; es sollte 1,5 cm Abstand zur Ober- und Unterkante des Rechtecks haben. Schneide das Herz mithilfe des Bastelmessers aus. Entferne eventuell noch vorhandene Trickmarkermarkierungen.

2 Lege die Filzhülle um das Glas und klebe die Kanten hinten mit Heißkleber zusammen. Stelle das Teelicht ins Glas und bring das Herz zum Leuchten.

20

Filmrätsel

Als Santa Claus an Heiligabend tot vom Dach fällt, muss der Protagonist dieser Komödie selbst in die Rolle des Nikolaus schlüpfen.

Antwort: Es handelt sich um Macaulay Culkin. Für "Kevin – Allein in New York" kassierte er eine Gage von 5 Millionen US Dollar sowie ein fünfprozentiges Honorar am Gewinn des Films.

Santa-Mütze
mit Bommel

Als Scott das Santa-Claus-Kostüm anzieht, verwandelt er sich in den Weihnachtsmann. Die Nikolausmütze hat keine solchen Zauberkräfte, macht aber magisch gute Laune bei Jung und Alt.

Du brauchst

Fleece in Rot, 40 cm x 50 cm
Plüschstoff in Weiß, 70 cm x 20 cm
Bommel oder Pompon in Weiß, ø 5–7 cm
farblich passendes Nähgarn
Lineal
Geodreieck
Nähmaschine

So wird's gemacht

1 Miss den Kopfumfang auf der Linie zwischen Stirn und Hinterkopf und gib zu dem Maß 2 cm Nahtzugabe und 2 cm für einen bequemen Sitz zu (z.B. 56 cm + 2 cm + 2 cm = 60 cm). Schneide aus weißem Plüsch ein Rechteck mit diesem Maß für die langen Kanten zu. Die kurzen Kanten sind die gewünschte Höhe der Krempe mal zwei plus 2 cm Nahtzugabe (z. B. 6 cm x 2 + 2 cm = 14 cm).

2 Zeichne eine Linie in der Länge des halben Kopfumfangs plus 4 cm (z.B. 28 cm + 4 cm = 32 cm) auf doppelt gelegten roten Fleece. Markiere die Mitte und zeichne mithilfe von Geodreieck und Lineal in der gewünschten Höhe der Mütze (z.B. 35 cm) einen Punkt über die Linie. Verbinde Punkt und Enden der Linie zu einem Dreieck und schneide es in doppelter Stofflage und rundum mit 1 cm Nahtzugabe zu. Nähe die beiden Teile rechts auf rechts an den Seiten zusammen. Wende die Mütze.

3 Nähe den Plüschstoff an den kurzen Kanten rechts auf rechts zum Ring zusammen. Falte den Ring längs links auf links zur Hälfte, schiebe ihn rechts auf rechts über die Mützenunterkante und nähe ihn in doppelter Lage an. Versäubere die Nahtzugaben mit Zickzackstich. Nähe die Bommel von Hand an.

Santa Clause:
Eine schöne Bescherung

Hinter den Kulissen

Tim Allen verbrachte täglich vier bis fünf Stunden in der Maske, um sich in Santa Claus zu verwandeln. Ganze zwei Stunden dauerte es nach jedem Drehende, das Kostüm wieder abzulegen. Besonders unangenehm war ihm der sogenannte Fettanzug aus Latex, der ihm unter dem Kostüm die nötige Leibesfülle des Weihnachtsmanns gab. Maximal sechs Stunden hielt Allen es in dem Anzug aus.

Die Dreharbeiten zu der 1994 erschienen Komödie fanden mitten im Sommer statt. Viele Szenen wurden teilweise an nicht klimatisierten Orten aufgenommen. Mit Weihnachtsmannkostüm, Bart und dem Fettanzug wurde Allen oft zu heiß, sodass er häufig Pausen einlegen und seinen Körper herunterkühlen musste.

Disneys Markenzeichen ist mit von der Partie in dem 1994 gedrehten Weihnachtsklassiker: Als Scott und Charlie den Nordpol verlassen und mit dem Schlitten am Mond vorbeiziehen, sieht man auf dem Mond ein Micky-Maus-Logo.

21

Welcher ist der bestbezahlteste Kinderstar, der in Weihnachtsfilmen die Hauptrolle spielte?

Filmrätsel

Der Buchstabe F und die alkoholische Gärung spielen eine wichtige Rolle in dieser Schwarz-Weiß-Komödie.

Die Feuerzangenbowle

Hinter den Kulissen

„Mal ein richtiger Junge sein, albern und ohne Sorgen", malt sich Pfeiffer – mit drei F: „eins vor dem Ei, zwei hinter dem Ei" – ganz am Anfang des Films seine „Rückkehr" in die Schule aus. Das wünschten sich 1943, als der Film entstand, viele. Heinz Rühmann soll die Dreharbeiten aus diesem Grund bewusst verzögert haben. Er wusste, dass die Statisten des Berliner Gymnasiums, die die Film-Primaner mimten, nach beendeter Arbeit sofort an die Front geschickt werden würden. Die meisten von ihnen überlebten die Premiere des Films nicht.

Feuerzangenbowle
für die ganze Familie

In diesem Rezept wird der Zuckerhut mit nur wenig Rum getränkt und der Rotwein durch Trauben- und Apfelsaft ersetzt. So können die Kleinsten vor dem Abbrennen des Zuckerhuts die Bowle alkoholfrei als Punsch genießen.

Du brauchst

FÜR 4–6 GLÄSER
1 Bio-Orange
1 Bio-Zitrone
1 l naturtrüber Apfelsaft
500 ml roter Traubensaft
2 Zimtstangen
4 Gewürznelken
3 Sternanis

FÜR DIE ERWACHSENEN
1 Mini-Zuckerhut
4–5 EL Rum (54%)

AUSSERDEM
Zuckerhuthalter

So wird's gemacht

1 Orange und Zitrone heiß abspülen, trocken tupfen und in dünne Scheiben schneiden. Apfelsaft und Traubensaft mit Zimtstangen, Nelken und Sternanis in einem Topf bei mittlerer Temperatur erhitzen und 10 Minuten ziehen lassen. Orangen- und Zitronenscheiben zufügen. Die Flüssigkeit kurz aufkochen und 20–30 Minuten köcheln lassen.

2 Für die Variante ohne Alkohol den Punsch in hitzebeständige Gläser füllen und genießen. Für die Variante mit Alkohol den Rum in einem kleinen Topf erwärmen, aber nicht kochen. Den Zuckerhuthalter auf den Topf mit der Bowle legen. Den Mini-Zuckerhut darauf setzen und mit dem warmen Rum beträufeln, bis er vollgesogen ist. Den Rum mit einem Streichholz entzünden. Der Zucker karamellisiert nun und tropft in die Bowle. In hitzebeständige Gläser füllen und genießen.

22

Filmrätsel

Die guten Vorsätze der Protagonistin für das neue Jahr: abnehmen, drei Mal pro Woche ins Fitnessstudio, weniger Alkohol trinken, mit dem Rauchen aufhören, mehr gute Bücher lesen und die Finger von den falschen Männern lassen.

Antwort: Im Jahr 1945 erschien der amerikanische Film "Weihnachten nach Maß".

Weihnachtliches Journal

In ihrem Tagebuch notiert Bridget Jones gewissenhaft ihren Alkohol- und Zigarettenkonsum. Das hübsch eingebundene Notizbuch lässt sich aber auch prima fürs Journaling verwenden.

Du brauchst

Notizbuch mit Gummiband, A 5 (14,5 cm x 21 cm)
beschichteter Baumwollstoff oder Waschpapier mit Weihnachtsmotiv, 22 cm x 52 cm
Maskingtape
Nähmaschine
farblich passendes Nähgarn
Bastelmesser und Schneideunterlage
Lineal

So wird's gemacht

1 Lege das Stoff- oder Waschpapierstück mit der Innenseite nach oben und platziere das aufgeklappte Notizbuch darauf. Falte die kurzen Seiten des Stoffs oder Waschpapiers um die Buchdeckel und klappe das Buch zu. Falze das Waschpapier an den beiden Umschlagkanten.

2 Nimm das Buch aus der Hülle und miss den Abstand der Stellen, wo das Gummiband aus dem Buchdeckel kommt, vom Seitenrand sowie der Ober- und Unterkante des Buchs. Übertrage die Maße auf die entsprechende Seite der Hülle und schneide zwischen den Markierungen mithilfe von Lineal und Bastelmesser einen Schlitz.

3 Nähe die umgeklappten Seiten an der Ober- und Unterkante der Buchhülle mit der Nähmaschine mit 3 mm Abstand vom Rand an. Stecke das Journal in die Hülle und zieh das Gummiband durch den Schlitz. Klebe einen Streifen Maskingtape über den Schlitz.

4 Und jetzt geht's ans Journaling: Nimm dir jeden Tag fünf Minuten Zeit. Schreibe in dein Journal, was dir gerade in den Kopf kommt, oder du beantwortest folgende Fragen: Wofür bin ich heute dankbar? Was war meine wichtigste Aufgabe heute? Worauf bin ich heute stolz? Was hat mir heute Freude bereitet? Wer oder was hat mir heute gutgetan?

Bridget Jones – Schokolade zum Frühstück

Hinter den Kulissen

Zur Vorbereitung auf die Rolle der Bridget Jones futterte sich Renée Zellweger mithilfe eines Ernährungsexperten mehr als zwölf Kilo Körpergewicht an. Er verordnete ihr dafür drei volle Mahlzeiten am Tag und keinen Sport. Außerdem machte die Texanerin inkognito unter dem falschen Namen Bridget Cavendish ein vierwöchiges Praktikum bei einem Londoner Buchverlag.

Um sich einen britischen Akzent zu anzueignen, arbeitete Renée Zellweger mit einer Stimmtrainerin und behielt die „posh" Aussprache auch während der Drehpausen bei. Ihr Filmpartner Hugh Grant berichtete, er habe Zellwegers echten (amerikanischen) Akzent nach Ende der Dreharbeiten erstmals gehört.

Rauchen musste Renée Zellweger beim Dreh wie ein Schlot. Um die Dreharbeiten einigermaßen gesund zu überstehen, verwendete sie in allen Szenen nur Kräuterzigaretten.

Wann entstand die erste romantische Weihnachtskomödie?

23

Filmrätsel

Ein unbeliebter Geschichtslehrer, ein verhaltensauffälliger Schüler und eine trauernde Köchin verbringen gezwungenermaßen als „Übriggebliebene" die Weihnachtsferien im Privatinternat.

The Holdovers

Hinter den Kulissen

Regisseur Alexander Payne drehte den 2023 erschienenen Film fast ausschließlich an realen Schauplätzen und nicht im Studio. Die Szenen im Internat wurden an fünf verschiedenen Schulen in Massachusetts gefilmt.

Der Film spielt nicht nur 1970, sondern sollte auch wirken, als sei er in den 1970er Jahren entstanden. Nach der digitalen Aufnahme veränderten die Techniker während der Postproduktion die Farbigkeit und bearbeiteten die Bilder so, dass sie etwas „körnig" wirkten wie das analoge Material in den 70ern.

Regisseur Alexander Payne und Drehbuchautor David Hemingson schrieben Paul Giamatti die Hauptrolle des strengen Geschichtslehrers auf den Leib. Der 19-jährige Filmdebütant Dominic Sessa hatte vor seiner Rolle als Schüler Angus nur Schultheater-Erfahrung.

Der Film wurde für vier Oscars nominiert, Da'Vine Joy Randolph erhielt für ihre Rolle der Köchin den Oscar als beste Nebendarstellerin.

Schokomuffins
aus Weihnachtsmännern

„Holdovers" heißt auf Deutsch „Überbleibsel". Davon gibt es an Weihnachten meist genug. Etwas, das nach den Festtagen garantiert immer übrig bleibt, sind Schokoweihnachtsmänner. Diese saftigen Schoko-Muffins sind ideal für die Resteverwertung.

Du brauchst

FÜR 12 MUFFINS

200 g Weihnachtsmänner aus Vollmilchschokolade
125 g weiche Butter
100 g Zucker
1 Päckchen Vanillezucker
2 Eier
200 g Mehl
40 g Backkakao
1 Prise Salz
2 TL Backpulver
175 ml Milch

AUSSERDEM

12 Muffinförmchen

So wird's gemacht

1 Die Schokolade grob hacken. Ein Drittel der Stücke beiseite stellen, den Rest über dem Wasserbad schmelzen; das Wasser darf nicht kochen. Etwas abkühlen lassen.

2 Butter mit Zucker und Vanillezucker cremig rühren. Die Eier unterrühren. Mehl, Kakaopulver, Salz und Backpulver vermischen und unterrühren. Die Milch zugeben und alles zu einem geschmeidigen Teig verrühren. Die geschmolzene Schokolade unterheben und zum Schluss die gehackte Schokolade bis auf 3 EL untermengen.

3 Den Backofen auf 180 °C vorheizen. Den Teig auf Muffinförmchen verteilen und die restlichen Schokoladenstücke auf den Muffins verteilen. Die Muffins damit bestreuen. 25-28 Minuten backen.

24

Filmrätsel

„Kein Mann hat einen Teufel nötig" würde der Titel des Schwarz-Weiß-Klassikers in der Gegenteilwelt lauten.

Stinger

Der Kultdrink der 40er

Dudley bestellt beim Mittagessen mit Julia und den Damen von der Kirche im Restaurant „Chez Michel" eine Runde Stinger. Im New York der 1940er Jahre war der Shortdrink vor allem auf Partys als „Night Cap" beliebt.

Du brauchst

FÜR 1 COCKTAIL
1 Bio-Zitrone
Eiswürfel
4 cl Brandy oder Cognac
2 cl weiße Crème de Menthe
2–3 Pfefferminzblätter

AUSSERDEM
Zestenreißer
Tumbler oder Cocktailglas

So wird's gemacht

1 Die Zitrone heiß abspülen und trocken tupfen. Mit dem Zestenreißer eine lange Zeste aus der Zitronenschale schneiden.

2 Eiswürfel in ein Cocktailglas oder einen Tumbler geben. Brandy oder Cognac sowie Crème de Menthe zufügen und kurz umrühren. Mit Zitronenschale und Pfefferminzblättern garnieren.

Tipp

Für eine **alkoholfreie Variante** des Cocktailklassikers: Ersetze die Spirituose durch eine Brandy- oder Cognacalternative. Crème de Menthe lässt sich einfach mit einem Pfefferminzsirup tauschen.

Jede Frau braucht einen Engel

Hinter den Kulissen

Ursprünglich sollte David Niven in dem 1947 erschienen Klassiker den Engel Dudley spielen und Cary Grant die Rolle des ehrgeizigen Bischofs Henry, der eine neue Kathedrale bauen will und sich dabei innerlich von seiner Familie und seiner Gemeinde entfernt. Grant sah sich jedoch mehr in der Rolle des charmanten und gutaussehenden Himmelsboten, der den Bischof wieder auf den richtigen Weg und dessen Frau (Loretta Young) zum Schwärmen bringt. Also wurden die Rollen kurzerhand getauscht.

Die bewegende Predigt des Bischofs am Ende des Films wird noch heute in amerikanischen Kirchen an Weihnachten vorgetragen. „Was hätte sich das Kind in der Krippe wohl am meisten gewünscht? Lasst uns jeder seinen Teil dazu beitragen: Güte, Herzenswärme, Hilfsbereitschaft. Toleranz und Verständnis. All die leuchtenden Gaben, die Frieden auf Erden schaffen."

Meine Weihnachtsfilme

Welches sind deine Lieblingsweihnachtsklassiker? Hier kannst du deine Highlights eintragen. Welche Filme kennst du noch nicht? Und welche möchtest du dieses Jahr unbedingt sehen? Der Weihnachtsfilmplaner hilft dir, den Überblick über TV-Programm und Streamingdienste zu behalten. So verpasst du keinen Film und kannst dich schon vorab auf deine Favoriten freuen.

Meine liebsten Weihnachtsfilme

Diese Filme kenne ich noch nicht

Meine Weihnachtsfilm-Highlights in diesem Jahr

Filmtitel	Wo zu sehen?	Wann zu sehen?

Buchempfehlungen für dich

Noch mehr zum Thema Film und Fernsehen gesucht?

ISBN 978-3-7358-8119-9

ISBN 978-3-7358-8060-4

ISBN 978-3-7358-5164-2

ISBN 978-3-7358-5210-6

ISBN 978-3-7358-5266-3

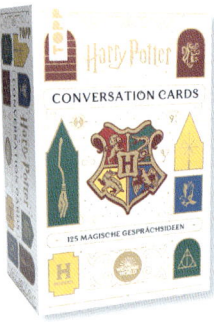
ISBN 978-3-7358-5150-5

ISBN 978-3-7358-5174-1

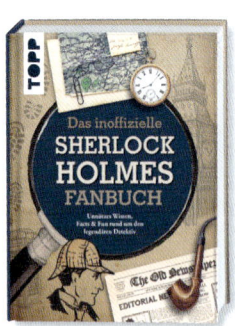
ISBN 978-3-7358-5038-6

ISBN 978-3-7358-5108-6

Viele weitere Kreativ-Bücher findest du auf www.TOPP-kreativ.de

#TOPPprojekt

Die eigene Kreativität zeigen: TOPPprojekt mit anderen Kreativen teilen und Teil der Gemeinschaft werden.

DIY-begeistert und auf Instagram? Dann unbedingt mitmachen! Hier gibt's Tipps und Feedback zu den eigenen Projekten. Außerdem verlosen wir jeden Monat ein Überraschungspaket. Um am Gewinnspiel teilzunehmen, einfach ein Bild vom Kreativ-Projekt aus unseren Büchern mit #TOPPprojekt posten und unserem Account @frechverlag folgen. Mehr Infos auf TOPP-kreativ.de/TOPPprojekt

Website
Auf TOPP-kreativ.de kannst du ein riesiges Angebot von über 1.000 Kreativbüchern, Sets & mehr entdecken.

Newsletter
Gleich anmelden unter: TOPP-kreativ.de/newsletter und immer als Erstes von unseren Neuheiten und Sonderaktionen erfahren.

Instagram
@frechverlag

DigiBib
Hier findest du zusätzlich zu vielen unserer Bücher digitale Extras, wie Video-Tutorials, Plotter-Dateien, Vorlagen, Übungsblätter & vieles mehr. Einfach im Impressum deines TOPP-Buchs den Freischalte-Code nachschlagen und exklusive Inhalte freischalten. TOPP-kreativ.de/digibib

Pinterest
pinterest.com/frechverlag

Facebook
facebook.com/frechverlag

Youtube
youtube.com/frechverlag

Christine Schlitt

Christine Schlitt hat ihre Leidenschaft für Weihnachtsfilme in Kindertagen mit „Drei Haselnüsse für Aschenbrödel", „Weihnachten bei Hoppenstedts", „Das Wunder von Manhattan" und der „Muppets Weihnachtsgeschichte" entdeckt. Mit der Zeit sind zahlreiche Lieblingsfilme dazugekommen. Im Dezember immer wieder dieselben Weihnachtsfilme zu schauen, gehört bei ihr wie bei vielen anderen Familien zu den liebgewordenen Ritualen der Adventszeit.

Mila Dierksen

Mila Dierksen hat schon früh ihre Leidenschaft für das Zeichnen entdeckt. Die Motive reichen von Blumen über Tiere bis hin zu weihnachtlichen Motiven, die sie bereits in mehreren Büchern als Illustratorin oder Autorin für den frechverlag umgesetzt hat. Weihnachten ist für sie immer ein gemütliches Beisammensein im Kreise der Familie und oft wird auch der eine oder andere alte Film zum Entspannen und Genießen ausgepackt.

SERVICE-HOTLINE
Hast du Fragen oder gibt es ein Problem? Wir helfen dir gern. Ruf uns an oder schreib uns eine E-Mail.

Telefon: 0711 / 123 757 20*
*normale Telefongebühren

E-Mail: hilfe@frechverlag.de
Weitere Informationen zum Verlag und zu unserem gesamten Programm findest du unter:
www.topp-kreativ.de

LERNE UNS BESSER KENNEN!
Unter www.topp-kreativ.de kannst du dich über unser umfangreiches Buchprogramm informieren, unsere Autor:innen kennenlernen sowie aktuelle Highlights und neue Kreativtechniken entdecken, kurz – die ganze Welt der Kreativität.

Kreativ immer up to date bist du mit unserem monatlichen Newsletter mit den aktuellsten News aus dem frechverlag, Gratis-Bastelanleitungen und attraktiven Gewinnspielen.

DIE DIGIBIB – ALLE UPDATES FÜR DICH
Hier findest du alle aktuellen Infos zu deinem Produkt! www.topp-kreativ.de/digibib

FREISCHALTCODE: 51726